"あるある"から
"今さら聞けない悩み"まで!

バレエのお悩み 解決 BOOK!!

本田千晃
クロワゼ 編

SHINSHOKAN

はじめに

こんにちは！　バレリーナの本田千晃です。
これまで、海外のバレエ団で活動してきました。
それと同時に、YouTubeの「ちあこちゃんねる」にバレエの動画をアップしているYouTuberでもあります。
「ちあこちゃんねる」でレッスンのコツを紹介したり、オンライン・レッスンも行ったりしているのですが、そうしてバレエの指導をさせていただくなかで、皆さんがバレエに対して本当に様々な悩みを抱えていることを知りました。

　私は、悩みがあるのはとても良いことだと考えています。悩むということは、裏を返せばそれだけバレエにストイックに向き合えている証拠です。悩みがあるからそれに向かってがんばれるし、上達につながるんです！

一方で、あまりにも悩みすぎると苦しくなってしまいますよね……その結果、バレエを嫌いになってしまったり、なんでバレエをやっているんだろうと感じてしまったり……せっかく好きで始めたはずのバレエなのに、それでは本末転倒です。バレエを愛するひとりとしても、とても悲しく思います。

この本を手にとってくださった皆さんには、悩みさえも楽しんでもらいたい。どんな解決方法があるのだろうと、ワクワクできるような本になったらいいなと思って指導させていただきました。

この本で取り上げる〝バレエの悩み〟は、YouTube「ちあこちゃんねる」とバレエ雑誌「クロワゼ」に寄せられたリアルなものです。そんなたくさんの悩みの一つひとつに、コツや解決策、レッスン方法をお伝えしていきます。一緒に、楽しく、悩みと向き合いましょう！

目次

センター・レッスンの悩み 解決レッスン…41

Special Contents

この本の使い方

この本では、様々なバレエの悩みを取り上げています。
あなたに合った使い方で、レッスンしてみてください。

じっくり読みたいあなたへ…

最初から読む！

バレエのクラス・レッスンと同じように、
バー・レッスン、センター・レッスン、トウシューズ・レッスンの順に
悩みを掲載しています。他の人の悩みからも、新たな発見があるはず。
レッスンを受けるように、順番に読んでいきましょう！

苦手なパがあるあなたへ…

目次で選んで読む！

目次には、バレエのパごとにページを掲載しています。
悩みがちなパや苦手なパをチェックして、
あなたのレッスンにお役立てください！

具体的な悩みがあるあなたへ…

リストで調べて読む！

P.95には、この本に掲載している
全ての悩みのリストを載せています。
ここから共感できる悩みを選んで、解決を目指しましょう！

悩みも全て、楽しんだもん勝ち!!

お悩み解決レッスン いってみよー!☺

本田千晃

バー・レッスンの悩み 解決レッスン

バー・レッスンには、
バレエの動きの全てが詰まっています。
ここから悩みを
一つひとつ解決して、
前進していきましょう！

01 立ち方の悩み

まずは、基本中の基本である「立ち方」の悩みを解決しましょう。
正しく立てるようになることが、全てのパの悩み解決への第1歩です！

ここに悩んでます！

引き上げて立つ感覚がわかりません。

足裏で床を押すと、床が押し返してくる力で自然に背筋が伸びていきます。これが「引き上げの感覚」です。まず全ての足ゆびを床に張りつけるイメージでしっかり伸ばして。そして親ゆびの裏全体、小ゆびの裏全体、踵の３点で床を押しましょう。床が押し返す力を感じられるくらい、思っているより強く押してください。そうすると上半身が自然に引き上がります。この「正しい立ち方」を身に付けましょう！

立ち方のレッスン

1 第1ポジションで立ち、「親ゆびの裏全体」「小ゆびの裏全体」「踵」の３点で床を押し、土踏まずを上げる。

2 床を押せば押すだけ上半身が上にあがるのを感じながら、腕を引っ張って体をキープ。自然に“引き上がっている”状態になります！

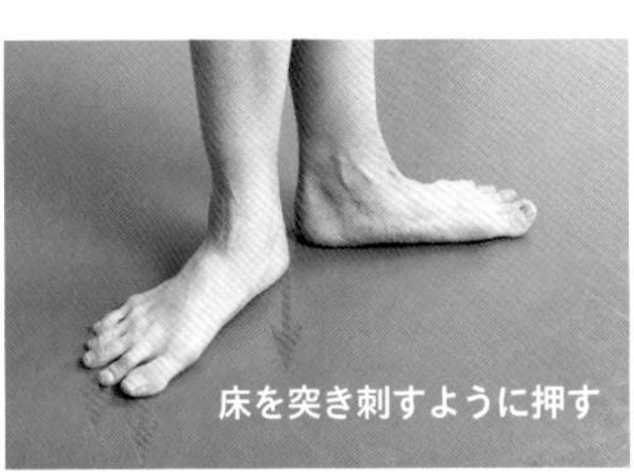
床を突き刺すように押す

床を押せるよう、シューズのなかの足ゆびは、しっかり伸ばしましょう。

引き上がった体を
保つために、
脇に力を入れて
腕を遠くへ
引っ張って

ここに悩んでます！

可動域がせまく、アン・ドゥオールができません。

股関節の可動域だけで脚を回すのは、なかなか難しいですよね。筋肉をしっかり使うことがアン・ドゥオールの近道です。内腿は意識できている方が多いようですが、それだけでなく、**お尻も使うことで、もっと回せるようになります！**　お尻のサイドから腿裏にかけてのラインをキュッと締め上げてアン・ドゥオールしましょう。

お尻のサイドから腿裏にかけてのラインを、お尻の割れ目に向かってキュッと締め上げる
内腿を前に向けるようにして、脚を付け根から回す

ここに悩んでます！

プレパレーションの時の顔のつけ方がわかりません。腕と顔の連動するルールがあると思うのですが、よくわからず、なんとなくでやってしまいます。

顔のつけ方はメソッドや指導してくださる先生によっても様々です。私からは、おさえておきたい基本的なポイントをお伝えします。まず、**顔は腕の動きを追いかけるように動かしましょう。そして、視線は手のひらの先や腕の延長線上など、遠くに向けましょう。**また、首筋をしっかり前に向ける意識で行うと、顔がはっきりつけられます。

プレパレーションのレッスン

「親ゆびの裏全体」
「小ゆびの裏全体」
「踵」の３点で
床を押す

1 右足前の第５ポジションで立つ。腕をアン・バー、顔は斜めに向ける。

右の首筋を
正面に
見せるように
頭は、
手と反対側に
少しだけ
傾けて
視線は
手のひらを
通り抜け、
さらに先を見る
イメージで

2 腕をアン・ナヴァンにし、それを追いかけるように顔を動かして手のひらをのぞき込む。

ここに悩んでます!

バーを持っていないほうの指先に力が入ってしまいます。指先まできれいに使うにはどうすれば良いでしょうか?

指先に力が入っているということは、腕全体にも力が入っているのではありませんか？　力を入れていいのは、脇だけです。**脇に力を入れて腕を遠くへ引っ張って、腕を保ちましょう。指先に力が入らず、自然なラインが作れる**と思いますよ。指先は、ティッシュや羽根など、軽くて壊れやすいものを親指と中指でそっと持つイメージです。

横から見ると・・・

視線は
腕の延長線上に
向け、遠くへ

左の首筋を
正面に

顔を正しくつけるには、慣れるしかありません。まずは、やりすぎと思うくらい大げさにつけてみてください！ そのほうが、先生も具体的に指導しやすいと思います

3　腕をア・ラ・スゴンドに動かしながら、顔も横へ向けていき、腕の延長線上を見る。

ここに悩んでます!

レッスン中、すぐに肩が上がってしまいます。

腕をキープしようとして肩に力が入っていたり、逆に肩を下げようとして力を入れたりしてしまう人がいるようです。「肩が上がっている」と指導された時は、**肩そのものを意識するのではなく、脇を下げましょう。**脇の下から胸の横までのラインを下げることで、力を入れずに肩を下ろせます。

肩の力を抜いて
脇の下から胸の横までのラインを下げる

02 プリエの悩み

回転やジャンプの前後に必ず使われるプリエ。本当に正しくやらないとテクニックでつまずく原因になってしまうので、しっかり悩みを解決していきましょう！

ここに悩んでます！

下から上がる時に床を押して！といわれるけど、具体的にどの部分を意識して押せばいいのかわかりません。

LESSON 1で紹介した正しい立ち方と同じで、「親ゆびの裏全体」「小ゆびの裏全体」「踵」の３点を押して上がります。グラン・プリエは踵が上がっている時も踵を下に押し、３点を押し続けることで上体を上げていきましょう。

踵は
空中でも
下に
押し続ける
足裏の
3点で
床を押して

1 ゆび全体で床を押して……

ゆびは
シューズの
なかで
しっかり
伸ばす

2 できるだけ早く踵をつけ、足裏の3点で床を押す。床が押し返す力で上体が上にあがる。

ここに悩んでます!

プリエでお尻が出てしまいます。

グラン・プリエでお尻が出てしまうのは、アン・ドゥオールが甘くなってしまうから。足裏で床を押してお尻を締め上げ続け、LESSON 1の立ち方をキープしながらプリエしましょう。

グラン・プリエのレッスン

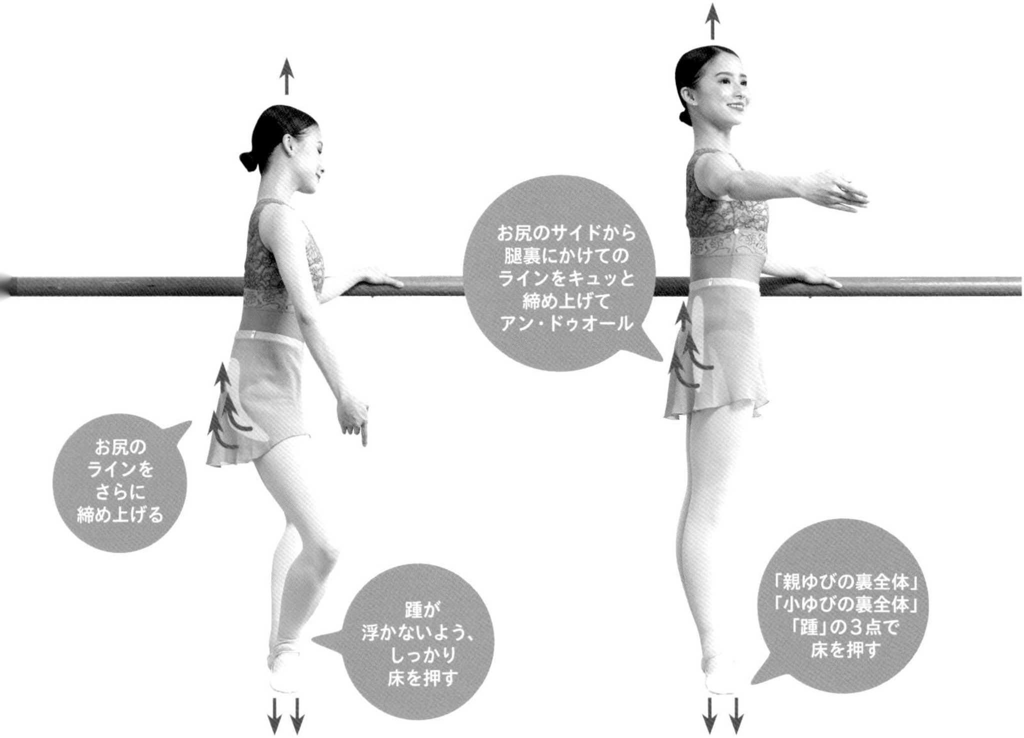
お尻のサイドから
腿裏にかけての
ラインをキュッと
締め上げて
アン・ドゥオール
「親ゆびの裏全体」
「小ゆびの裏全体」
「踵」の3点で
床を押す
お尻の
ラインを
さらに
締め上げる
踵が
浮かないよう、
しっかり
床を押す

1 第1ポジションで立つ。

2 膝の向きをキープしたまま曲げていき、ドゥミ・プリエに。

足裏の３点で床を押せていないと、アン・ドゥオールが甘くなってしまいます。グラン・プリエで下がった時がいちばん押す意識を忘れがちなので、忘れず押し続けましょう！

NG

小ゆびの裏側で
床を押せていないので、
お尻が出てしまっている

踵が上がっても、
３点で押し続ける
意識で

3 足裏の３点で床を押しながら、さらに膝を曲げてグラン・プリエ。踵はできるだけ床につけておき、これ以上つけていられないところから少しずつ上げていく。

03 タンデュの悩み

タンデュは脚を出して戻す単純な動きに見えますが、脚を本当に繊細に使わないと、姿勢がくずれたり、動きがぎこちなくなったりしてしまいます。
よくある悩みを解決して、正しく美しい動きを目指しましょう！

ここに悩んでます！

脚を出した後 5番に入れるのが難しいです。

脚を戻す時はつい体がゆるんでしまいがち。そのまま無理に戻そうとすると膝が曲がる原因になってしまいます。戻す時ほど体を引き上げて、脚が戻る空間を作ってあげましょう！　軸脚の足裏で強く床を押し、その床が押し返す力で体を引き上げます。また、内腿同士を先につけることを意識すると、脚を付け根から動かせるので膝が曲がってしまうのを防げますよ。

タンデュのレッスン

「親ゆびの裏全体」
「小ゆびの裏全体」
「踵」の３点で
床を押す

2　右足の踵を押し出すように、床を擦って脚を前に出す。

1　右足前の第５ポジションで立つ。

03 タンデュの悩み

“ちあこちゃんねる”の動画でタンデュのコツをチェック！

内腿同士をくっつけて
足裏の3点で床を押し続けて空間をキープ
軸脚の足裏の3点で床をさらに押し、体を引き上げて空間を作る
踵は前に向けたままつま先から戻す

3 内腿同士をくっつけるように、脚を付け根から戻し……

4 膝下を引き寄せ、第5ポジションに戻していく。

ここに悩んでます!

デリエールがとくに難しいです。

後ろは自分の目で見えないため、内足になってしまいがち。**脚を後ろに出す時は、踵ではなくつま先から動かしましょう。**できるだけ内腿同士を離さないようにするとお尻がゆるまず、アン・ドゥオールを保ったままタンデュできますよ！

タンデュ（デリエール）のレッスン

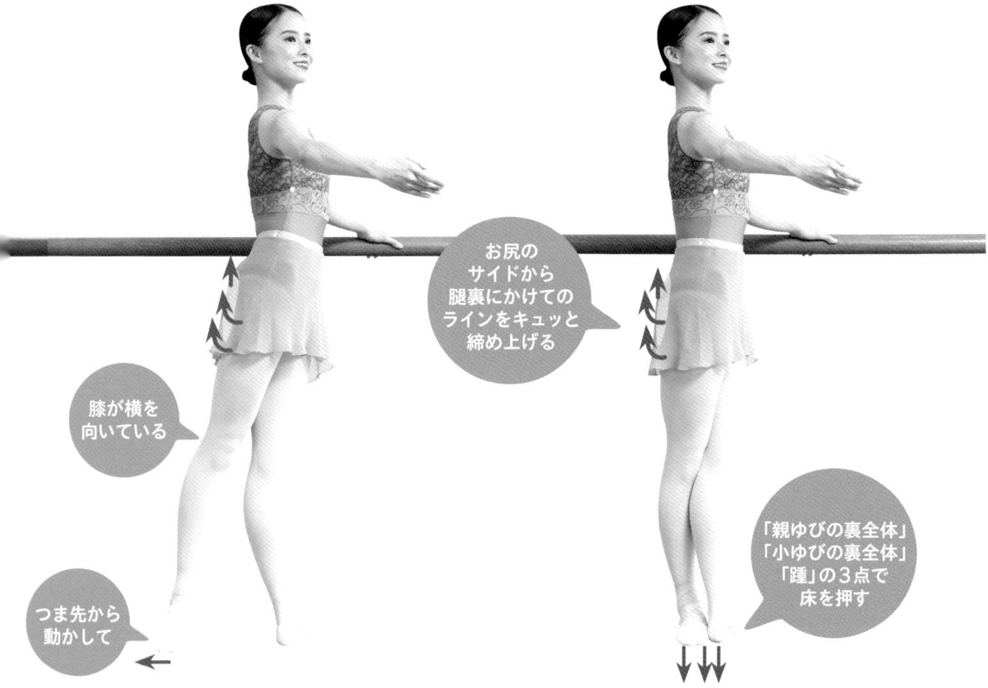
膝が横を向いている
つま先から動かして
お尻のサイドから腿裏にかけてのラインをキュッと締め上げる
「親ゆびの裏全体」「小ゆびの裏全体」「踵」の３点で床を押す

1 左足前の第５ポジションで立つ。

2 内腿同士はつけたままで、足ゆびの裏で床を擦って後ろに出し……

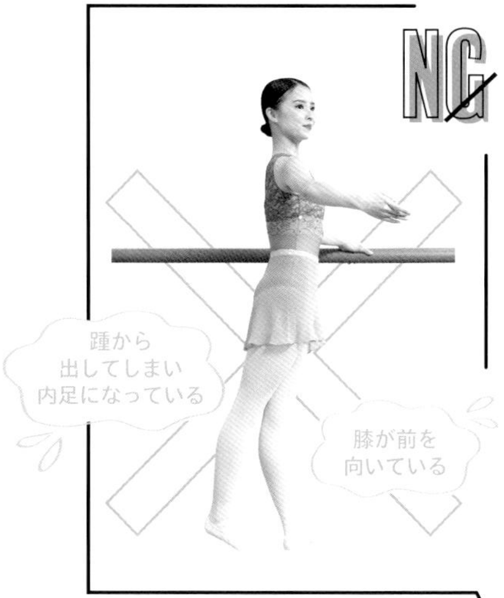
NG
踵から
出してしまい
内足になっている
膝が前を
向いている

腕をアロンジェにして、腕と脚で1本の長いラインを描いてみましょう。後ろに伸ばした脚は、脚をさらに何メートルも遠くに伸ばすとイメージすると、美しいラインになります。

つま先を
遠くに伸ばす
イメージで

3 できるだけゆびの裏を床につけたまま脚を出していき、最後につま先を伸ばしきる。

04 アレグロの悩み

ゆっくりならついていけるけれど、テンポが速くなると焦ってついていけない……
そんな悩みが多いアレグロ。とくにスピードが必要な
プティ・バットマンとフラッペの悩みにお答えします！

ここに悩んでます！

**プティ・バットマンやフラッペなど
速い動きになると
つま先が思うように動かない。**

プティ・バットマンもフラッペも、膝が動いて動きが大きくなってしまうと、思うように動かせません。無駄な動きをなくして、膝下だけをコンパクトに動かしましょう。お尻のラインを締め上げ続けて骨盤を安定させ、膝をキープするのがポイントです。また戻す時を意識することで音に遅れず、すばやく動かせます。

プティ・バットマンのレッスン

お尻の
サイドから
腿裏にかけての
ラインをキュッと
締め上げる
「親ゆびの裏全体」
「小ゆびの裏全体」
「踵」の３点で
床を押す

1 右足前の第５ポジションで立つ。
足を前のくるぶしにつけてク・ド・ピエに。

お尻の
ラインを
締め上げた
まま
膝を
キープして
膝下だけを
動かす

2 右膝の位置を保ったまま、
つま先を少し横に出して……

“ちあこちゃんねる”の動画でプティ・バットマンのコツをチェック！

膝下だけを
1回1回締める
意識で行うと、
無駄な動きがなくなり、
音に遅れるのを
防げます

3 後ろのくるぶしにつけてク・ド・ピエに。右膝の位置を保ったまま、脚をもう一度横に出して1に戻る。

フラッペは勢いよく床を擦るので、動脚につられて骨盤が動いてしまいがち。いつも以上に足裏で床を押して、床が押し返す力で上体を上げて骨盤をキープして行いましょう！

フラッペのレッスン

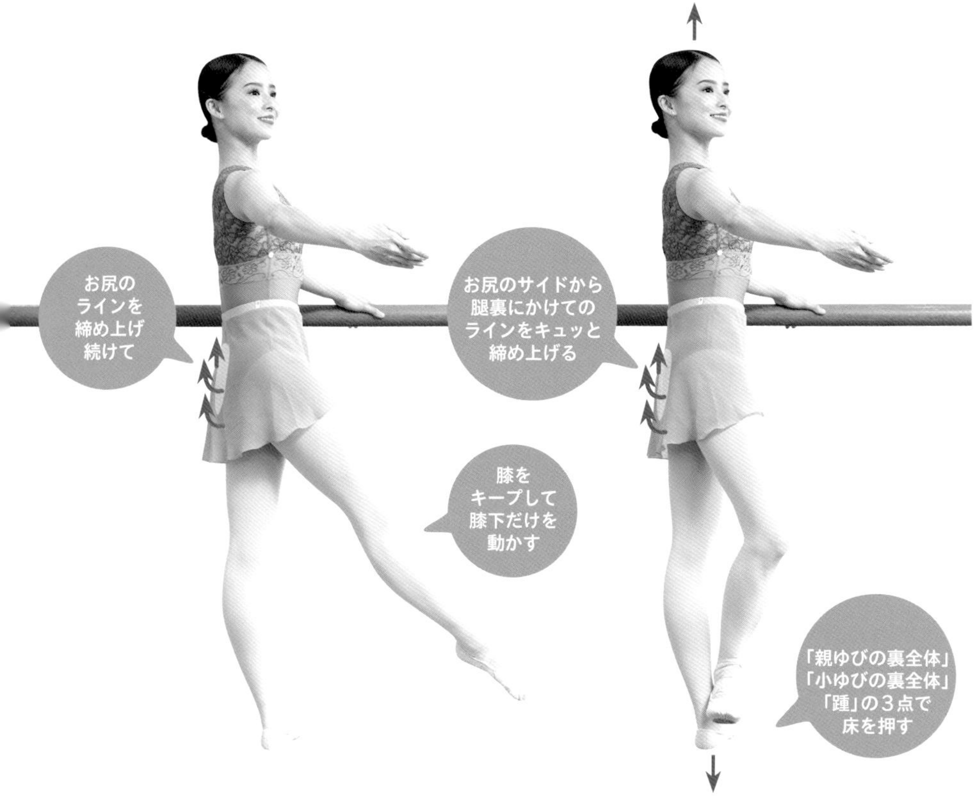

お尻のラインを締め上げ続けて
お尻のサイドから腿裏にかけてのラインをキュッと締め上げる
膝をキープして膝下だけを動かす
「親ゆびの裏全体」「小ゆびの裏全体」「踵」の３点で床を押す

1 右足前の第５ポジションで立つ。右足をフレックスにして、踵を軸脚の前のくるぶしにつける。

2 膝の位置を保ったまま、足を前に出して足ゆびの裏で床を鋭く擦り、脚を前に伸ばす。

“ちあこちゃんねる”の動画でフラッペのコツをチェック！

床を鋭く
擦ることに
気をとられて
戻すのが遅れがち。
すばやく戻すことで
音に遅れるのを
防げます

3 膝の位置を保ったまま、
すばやく1に戻る。

05 アラベスクの悩み

「どうしても美しいラインが作れない」と、悩む人も多いアラベスク。
正しい脚の上げ方を身に付け、理想のラインを目指しましょう！

ここに悩んでます！

きれいに高く上げる方法を教えてほしいです。

脚の筋肉は重いので、力任せに高く上げようとしても上げられません。上げる脚と反対の肩が、ひもでつながっていると想像してみてください。上体は引き上げたまま少し前傾になり、肩で脚を上げるイメージで引っ張りましょう。

アラベスクのレッスン

上げる脚と
反対の肩が
ひもで
つながっている
とイメージ

1 左足前の第5ポジションで立ち、右脚を後ろに伸ばす。

引き上げて
立てていないので、
上体が傾いて
しまっている

NG

引き上げて立てていないと、体のラインがゆがんでしまい、脚も上がりません。軸脚の足裏でしっかり床を押し、床が押し返す力で体をまっすぐ持ち上げ続けましょう。

ひもを
引っ張って
脚を上げる

2 左肩で右脚を引っ張るイメージで、上体を前傾させて脚を上げる。

ここに悩んでます！

アラベスクで上げる感覚がつかみきれません。腰が詰まる感じがします。

腰が詰まるということは、背中の筋肉が使えていないのかもしれませんね。デスクワークや家事で背中がガチガチに固まってしまいやすいため、レッスン前に肩甲骨まわりをほぐすようにしてみてください。スムーズに脚を上げられるようになりますよ！

肩甲骨まわりをほぐす！ エクササイズ①

背中を一直線に
顎を引いて、目線は下に
腕は床と垂直になるように

1 脚を肩幅に開き、手のひらを床につく。

首の前側を長ーく伸ばす

2 肩甲骨同士を引き寄せて、背中を反らせる。顔を正面に向ける。

肩甲骨まわりを鍛える！ エクササイズ②

目線は床に

1 脚を肩幅に開き、床にうつ伏せになる。
両腕を床と平行にまっすぐ伸ばし、
上体を少し起こす。

脇を
グッと
締めて

2 両腕を肘から引き寄せて、肩甲骨同士を寄せる。
肘を曲げる勢いを使って、上体をさらに少し起こす。
1 から 2 を10回繰り返す。

首の
後ろ側を
長ーく
伸ばす
おへそを
見るように

3 お腹をへこませて、背中を丸める。
2〜3 を10回繰り返す。これを2セット行う。

06 デヴェロッペの悩み

「どうしてもキープできない」、「そもそも上がらない」と
苦手意識を持っている人が多かったデヴェロッペ。
正しい姿勢を見直しながら、脚を上げるレッスンをしていきましょう！

ここに悩んでます！

グラン・バットマンは上がるけど、デヴェロッペが上がらない。90度が限界です。

グラン・バットマンなら上がるということは、股関節まわりの可動域には問題がなさそうです。**脚を高く上げるには、付け根から持ち上げることが大切。**また、姿勢が崩れ、軸脚の上にお尻をどっかり乗せてしまうのも、脚が上がりにくくなる原因です。**軸脚の足裏で床を押し、引き上がった姿勢を保ちながらデヴェロッペしましょう。**

デヴェロッペのレッスン

足裏で床を押し続けて
「親ゆびの裏全体」「小ゆびの裏全体」「踵」の３点で床を押し、床が押し返す力で引き上げて立つ

1 右足前の第５ポジションで立つ。腕をアン・バーに。

2 腕をアン・ナヴァンにしながら、右脚をパッセし……

06 デヴェロッペの悩み

お尻が
ゆるんでいるので、
脚が高く上がらない

NG

正しい立ち方をキープしないと、姿勢が崩れてしまい、脚も上がりません。デヴェロッペはアン・ドゥオールがゆるみやすいので、とくにお尻のラインを締め上げることを意識しながら行いましょう。

付け根から
持ち上げて
足裏で
押し続け、
引き上げを
キープ
軸脚のお尻が
乗っかって
しまわないように、
軸脚のお尻を
持ち上げる
さらに強く
足裏で
床を押して

3 腕をアン・オーにしながら、右脚を付け根から持ち上げて。

4 右膝を伸ばしきる。

ここに悩んでます！

脚を上げた後にキープできないんです。

脚は上がるのにキープできないのは、単純に筋力の弱さが原因です。脚を支えるのに必要な腸腰筋（背骨と骨盤、大腿骨をつなぐお腹の奥にある筋肉）を鍛えていきましょう。

腸腰筋を鍛える！ エクササイズ①

1 バーから少し離れて（肘を伸ばした状態でバーを持てる位置）第6ポジションで立ち、両手をバーに。肘を軽く曲げて前傾になり、左膝が90度になるようにゆっくり持ち上げる。

頭・背中・腰のラインを一直線に
軸脚の膝はピンと伸ばして
甲を縮めてしっかりフレックスに

2 左脚を下ろし、今度は右膝が90度になるように持ち上げる。1～2を10回繰り返す。2セット行う。

一直線をキープすることで腸腰筋に効く！
フレックスをキープ！

NG

背中が丸まって、一直線をキープできていないので、腸腰筋が鍛えられない

正しい姿勢を保たないと、エクササイズの効果が得られません。背中のラインや脚の角度は必ずチェックしましょう。

腸腰筋を鍛える！ エクササイズ②

1 仰向けに寝る。脚を軽く開き、
膝が90度になるように立てる。

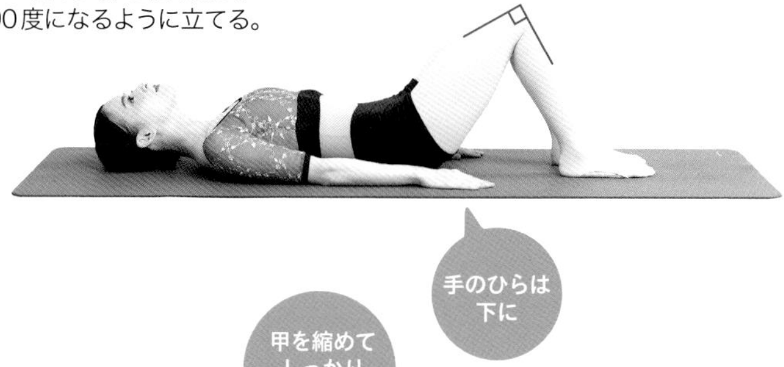
手のひらは
下に

2 左膝を胸につけるように、
ゆっくり引き寄せる。

甲を縮めて
しっかり
フレックスに
膝は
90度のまま

3 左膝をゆっくり戻し、今度は
右膝を胸につけるように
引き寄せる。2〜3を
10回繰り返す。2セット行う。

フレックスを
キープ！
膝を
できるかぎり
近づけると
腸腰筋に
効く

07 フォンデュの悩み

デヴェロッペと同じように、脚をゆっくり上げて伸ばすパですが、
混同している人が多いようです。フォンデュの正しいやり方を身に付けましょう！

ここに悩んでます！

フォンデュが高く上がりません。

よく間違えている人がいるのですが、フォンデュは脚を高く上げることが目的ではありません。今上げられる高さまででOKです。フォンデュは、「とろける」という意味のフランス語。脚を上げる高さよりも、チーズがとろけるような滑らかな脚の動きを意識しましょう。

今上げられる
高さまででOK

“ちあこちゃんねる”の動画でフォンデュのコツをチェック！

ここに悩んでます！

両脚を伸ばすタイミングがつかめません。
同時に伸ばすのはわかっているんですけど……。

両脚同時に伸ばし始めると、アティテュードを通らないぶん、軸脚が先に伸びきってしまいますよね。軸脚をプリエしたまま、まずは動脚をアティテュードにしましょう。軸脚のプリエと動脚のアティテュードが揃ってから一緒に伸ばせば、伸びきる瞬間を合わせられます。

フォンデュのレッスン

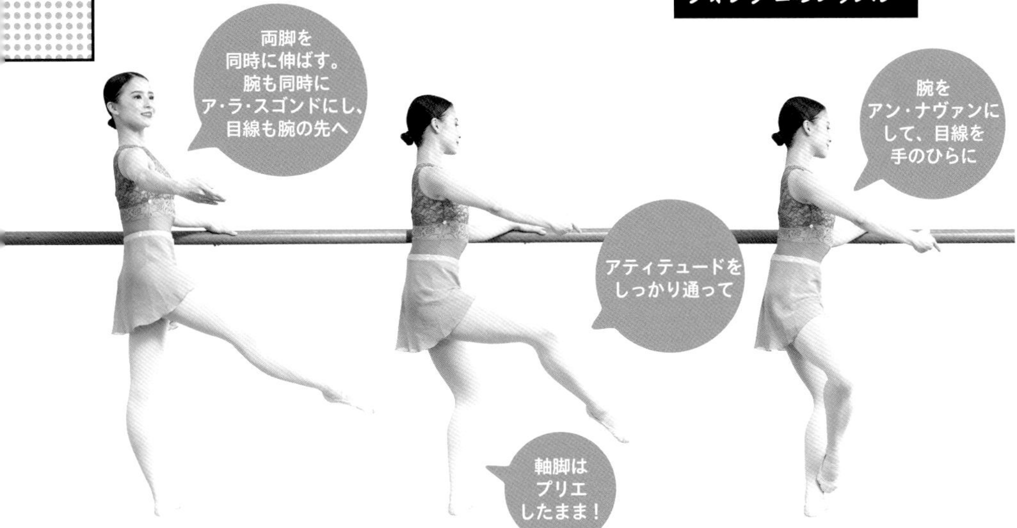
腕をアン・ナヴァンにして、目線を手のひらに
アティテュードをしっかり通って
軸脚はプリエしたまま！
両脚を同時に伸ばす。腕も同時にア・ラ・スゴンドにし、目線も腕の先へ

1 右足前の第5ポジションで立つ。左脚をドゥミ・プリエしながら、右脚を前のク・ド・ピエに。

2 右脚を前に出して、アティテュードに。

3 両脚を同時に伸ばす。

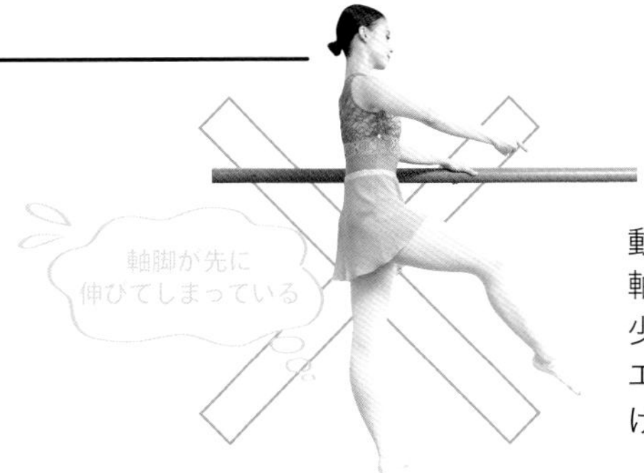
軸脚が先に伸びてしまっている

NG

動脚の動きに気をとられて、軸脚が伸びてしまうのは✕
少し辛いけど、ドゥミ・プリエのまま足裏で床を押し続けましょう。

08 バランスの悩み

アンシェヌマンの終わりに必ずといっていいほど出てくるバランス。
「もともとバランス感覚がないから仕方ない」と、諦めるのは早いですよ！
ルルヴェ、パッセでバランスをとるコツをご紹介します。

ここに悩んでます！

パッセでなかなかバランスがとれません。

パッセで気を付けるのは、お尻の位置！　バランスを取ろうとしてどうしても軸脚の上に乗ってしまい、体の軸がゆがんでしまいがちです。その状態でどうにかバランスを取ろうとして、体に無駄な力が入り、さらにバランスが取りにくくなる悪循環に。軸脚のお尻を締め上げ続ける意識で立ちましょう。

お尻が乗っている
NG
体のいろいろなところに無駄な力が入り、体の軸がガタガタゆがんでいる

お尻の位置を高く
お尻のサイドから腿裏にかけてのラインをキュッと締め上げて
「親ゆびの裏全体」「小ゆびの裏全体」「踵」の3点で床を押す
無駄な力がなく、体の軸がまっすぐになっている

ここに悩んでます!

ルルヴェでバランスを取るのが苦手です。

体を上に引っ張り、腕を脇から遠くへ
足ゆびの裏で床を強く押し、踵を高く持ち上げる

バランスを取るコツは、**ルルヴェをした形で足首がぐらぐらしないようにすること**。そして、腕を脇から遠くへ伸ばし、体を上へ上へと引っ張り続けることです。そして、高いルルヴェのためには足首の強さが必要です。クラス・レッスンだけでは足首を鍛えるエクササイズが足りないと思うので、お家でも簡単にできるエクササイズをやってみてください!

NG
膝が曲がっていると、足首のエクササイズにならない

足首を鍛える! エクササイズ

「親ゆびの裏全体」「小ゆびの裏全体」「踵」の3点で床を押す

1 両手バーの第6ポジションで立つ。

2 足ゆびの裏で床を押し、押す力で体を上に持ち上げる。1〜2を10回繰り返す。

※第1ポジションでもやってみましょう!

今さら聞けない!?

クラス・レッスンの悩み＋処方箋

**気になってはいるけど、わざわざ先生に質問しにくい……
そんなレッスンの悩みにお答えします！**

呼吸と動きを合わせるってどういうことなんでしょうか。

基本的に体を引き上げる時に息を吸うのが、バレエの呼吸方法です。具体的には、プリエは膝を曲げる時に息を吐き、伸ばす時に吸い、フォンデュは脚を曲げる時に息を吐き、伸ばす時に吸います。

レッスン中は気を付けることがたくさんあり、つねに吐く、吸う、吐く、吸う……と意識するのは現実的ではありませんね。でもじつは普段呼吸を意識していない人でも、引き上げる時に自然に吸っているんです。だからこそ、「吐く」ことを意識してください。息を吐ききれると自然に吸えますよ。

もうひとつは、レッスン中はスタジオをめいっぱい使って動くことです。脚を一歩踏み出す時は、自分の歩幅より少し遠くに出すようにしてください。私自身ダンサーとしては小柄なほうですが、留学先で身長の高い同級生たちより大きく動こうと意識した結果、だんだんと動きが大きくなるのを実感できました。皆さんもぜひやってみてください！

鏡の活用方法がいまいちわかりません。

鏡があると、レッスン中なんとなく見てしまいがちですが、そうすると顔がつけられなかったり、目線が下がったりしてしまいます。鏡に慣れてしまうと、舞台に立った時に空間の広さに圧倒されてしまうことも。鏡はつねに見るわけではなく、プレパレーションやポジションを移動した時など、要所要所で体をチェックするために使いましょう。

レッスン中はアンシェヌマンを覚えたり体のすみずみまで意識をめぐらせたりと忙しいので、レッスンの前に鏡を使うタイミングを決めておくのもいいかもしれませんね。例えば「今日は肩が上がっていないかどうかチェックする」「このパで膝が曲がっていないか見よう」というように姿勢のチェックに鏡を使うと、上達につながりますよ！

踊りが小さいことが悩みです。少しでも大きく踊るためのコツを教えてください。

バレエの動きには決められたポジションがありますから、それを守った上で大きく踊るポイントをお伝えします。

ひとつは、パとパの間の動きを大きくゆったりとって、“踊りの可動域”を広げること。例えば、第5ポジションのルルヴェから下りる時は、今のポジションからさらにひと伸びして、自分の身長よりさらに高いところを通るイメージで下りるようにしましょう。

Fight!

センター・レッスンの悩み 解決レッスン

バーに続いて、センター・レッスンの
悩みを解決していきましょう！
センターだからといって、
難しく考えなくてＯＫ。
すべてバーで習った動作が
ベースになっているので、
一度感覚を身に付ければ、
もっと楽しく、もっと自由に
踊れるようになりますよ！

01 センターの立ち方の悩み

センターでは体をサポートしてくれるバーがないため、
自分で完璧に体を支えないとぐらぐらしたり、スムーズに踊れなかったり……
まずは、センターならではの立ち方をしっかりレッスンしていきましょう！

ここに悩んでます！

バーがなくなったとたん、軸がとれません。ぐらぐらするのですがどうしたらいいですか？

バー・レッスンでは、バーのサポートがあったので、軸脚に体重を乗せきらなくても立てていたのかもしれません。**しかしセンターでは軸脚の上に体重を完全に乗せきらないとまっすぐに立てません。また、センターでは移動のパが出てくるため、すばやく動けるように踵重心にならず、つま先に重心を寄せておくことが大事です。**片脚で立つ時は、軸脚の付け根とゆび先をつなぐラインが一直線になるようにつま先のほうに体重を乗せきって立ちましょう。

立ち方のレッスン

右足前の第5ポジションから片脚を持ち上げてパッセ。

軸脚の付け根とゆび先をつなぐと一直線になるようにつま先に重心を寄せて
足ゆびを5本とも使ってしっかり床を押す

NG

踵重心でバランスがとれていない

踵重心になっている人は意外と多いので、足ゆびで強く床を押し、つま先に体重を乗せて立ちましょう。

ここに悩んでます！

視線をどこにやったらいいかわからなくて、ついつい鏡ばかり見てしまいます。注意されますがなかなか直せません。

鏡を見るのがいけないわけではありませんが、近いところを見ると動きが小さくまとまってしまうので、注意されているのだと思います。**視線は自分の目線の高さよりも少し上で、遠くを見るようにしましょう。**とはいえ、スタジオの広さには限りがあるので、近くを見てしまうのは、私もよくわかります。そんな時は、**視界が開けた丘の上に立っているとイメージしてみませんか？ そうすると、自然と遠くを見られますよ！**
また、鏡でポジションのチェックをする時も、まっすぐ鏡を見るのではなく、鏡のさらに奥を見るイメージで遠くを見ると、“ずっと鏡ばかりみている”印象もなくなると思います。

近くを
見ているので
小さくまとまって
しまっている
NG

視界が
開けた丘の上に
立っている
イメージで
視線を遠くに
首を長く
鏡を見る時も
鏡のさらに
奥を見て

ここに
悩んでます!

クロワゼで立つ時に
なかなか体のひねりのラインが作れません。
きれいなポーズに近づきたいのですが……。

きれいなポーズを作る決め手は、立体感を出すことです。まず、おへそは舞台の**8**の方向、もしくはの**2**方向へしっかり向けて、斜めの角度に立ちましょう。**その上でボディの「おへそから上の部分」を少しひねり、胸を正面に向けることで立体感を作ります。**ひねる時に腕が肩より後ろに行くと立体感が消えてしまうので、つねに肩より前にキープしてください。

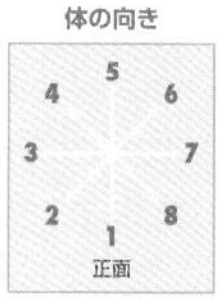
体の向き
5
4
6
3
7
2
8
1
正面

クロワゼ・ドゥヴァンのレッスン

おへそを
の方向に
向けて

1 おへそを舞台の**8**の方向に向けて左脚で立ち、右脚を前に出す。左腕をアン・オー、右腕をア・ラ・スゴンドに。

腕を必ず
肩より前で
キープして
おへそを
の方向に
向けたまま
おへそから上の
部分を正面にひねり、
劇場の2階席に
胸を向けるイメージで
斜め上に向ける

2 おへそを**8**の方向に向けたまま、上体をひねって立体感を出す。

クロワゼ・デリエールのレッスン

おへそを
の方向に
向けて

1 おへそを舞台の**8**の方向に向けて右脚で立ち、左脚を後ろに出す。左腕を体の前、右腕を斜め後ろに伸ばす。

おへそから
上の部分を
正面に
ひねって
正面から見た時に
肩で胸が隠れないよう、
右腕の肩を
後ろに送るようにひねって
しっかり見せて

2 おへそを**8**の方向に向けたまま、上体をひねって立体感を出す。

02 アダージオの悩み

ゆったりしたテンポで踊るため、ついぐらぐらしてしまう……というのがよくある悩みのようです。でも、いつものレッスンにちょっと意識を加えるだけで、バランスがとりやすくなるんです！　それぞれのパのポイントを紹介します。

ここに悩んでます！

デヴェロッペで脚を上げようとするとバランスがうまくとれないし、バランスをとろうとすると、脚が上がりません。

バランスをとるためには、軸脚側の脇を、デヴェロッペの脚と一緒に上に伸ばしていくことが大切です。脚と脇腹、両方をしっかり上げていくことで、体に張りが生まれ、バランスがとれるようになります。

デヴェロッペのレッスン

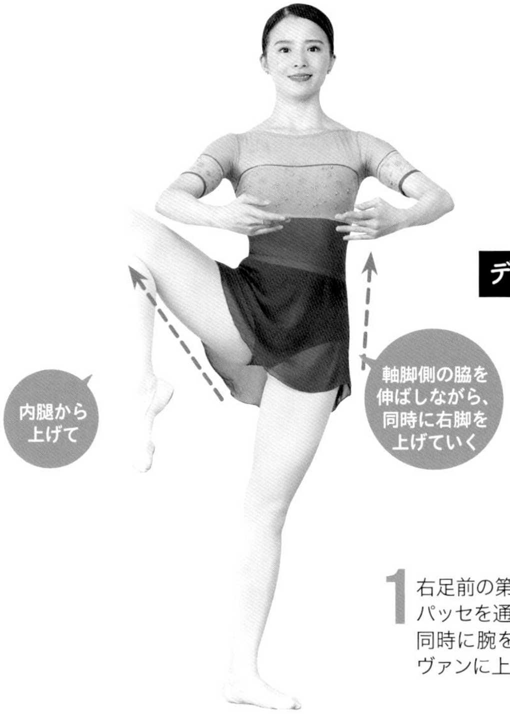
内腿から上げて
軸脚側の脇を伸ばしながら、同時に右脚を上げていく

1 右足前の第5ポジションから、右脚パッセを通過して、脚を上げていく。同時に腕をアン・バーからアン・ナヴァンに上げていき……

脚を上げることとバランスをとることを別に考えるのは、やめましょう。脇と一緒に脚を上げることで、しっかり脚を上げきれて、自然とバランスもとれますよ！

背中とお腹も
きゅっと
上にあげて
軸脚側の脇を
伸ばし切るのと
同時に、右脚を
伸ばし切って

2 右脚を伸ばしきるのと同時に腕をアン・オーに。

ここに悩んでます！

カンブレがきれいにできません。背中が丸まってしまって……。

背中が丸まってしまうということは、前のカンブレですよね。**背中を丸めないためには、頭から倒さず脚の付け根から体を折り畳むイメージで、背中をまっすぐにしたまま倒すこと**が大事です。まずは深く倒すことを目的にしないで、背中をまっすぐのまま倒せるところまでで大丈夫！　また、深く倒すためには脚の裏側を伸ばすことも必要なので、前屈のストレッチも普段からしっかり行いましょう。

カンブレのレッスン

背中を
まっすぐに
お腹と
背中を
引き上げて

1 8の方向を向いて左脚で立ち、右脚を前に伸ばす。左腕をアン・オー、右腕をア・ラ・スゴンドに。

上体を一度
上に伸ばし、
背中をまっすぐに
したまま、
付け根から体を
折り畳んで
脚の裏側を
長くのばす
イメージで
膝を曲げない
ように

2 上体をさらに伸ばしながら前に倒して……

後ろのカンブレの
ポイントも紹介します！
後ろに倒す時は、
倒す前に一度伸びて、
上体を引き上げながら、
肩甲骨の下から
倒していきます。

左右の脇を
長く保って

CHECK

どこから倒せばいいかわからない人は、腕を肩甲骨の下に当て、腕に体を添わせるようにしてカンブレの練習をしてみましょう。

付け根から
首までを、
板のように
まっすぐに

3 背中をまっすぐ伸ばしたまま
倒せるところまで倒す。

ここに悩んでます!

プロムナードで、左脚が軸脚だとぐらついてしまいます。上体を優雅にしたいです。

左右で差があり、どちらかの脚のほうが強いというのは珍しいことではありませんよ。左が弱いということなので、左脚で立つことを重点的にレッスンして、強いほうの右脚と同じ感覚にもっていけるといいですね。脚よりも上体が先に回っていってしまうことも、肩が下がってバランスが崩れ、ぐらつく原因になってしまいます。**つねに右肩と左肩の高さを揃えたまま回っていきましょう。そうすることで、上体の美しさも保てます。**また、脚をアティテュードにする時は上体が前に倒れやすいので、背中を張ってバランスを保ちましょう。

プロムナードのレッスン

1 2の方向を向き、右脚で立って左脚を後ろに上げてアラベスク。右腕は肩の前に伸ばし、左腕を横に伸ばす。

脚よりも上体が
先に回っていってしまうと
肩が下がって、
バランスを崩してしまう
脚を
アティテュードにする時に
背中が緩んで上体が倒れて
バランスを崩して
しまっている
NG

肩の高さを
揃えたまま
プロムナード

2 軸脚の踵を前に押し出すようにして右に回っていく。

上体が
倒れてしまいがち。
背中を張って
バランスをキープ

3 **6**の方向まで回ったら、左脚をアティテュード、左腕をアン・オー、右腕をア・ラ・スゴンドにしながら**2**の方向まで回っていきます。

03 グラン・バットマンの悩み

支えがないまま脚を大きく動かさなければならないので、
センターだととても難しく感じるパのひとつです。
センターでのポイントをレッスンしましょう！

ここに悩んでます！

グラン・バットマンの時、軸がぶれてしまってふらついてしまいます。

どんなにしっかり軸脚で立っていても、蹴り出す脚を正しく使わないと、脚を動かす反動で体がふらついてしまうもの。脚の力だけで勢い任せに蹴り上げるのはやめましょう。**大切なのは脚で床を擦りながら脚を上げることです**。足裏でしっかり床を擦ることで、体にガタンと反動を受けずになめらかに脚を上げることができて、ふらつかなくなりますよ。

勢い任せに脚を上げようとして
足裏がひょいっと浮いてしまうと
体が傾いてしまう
NG

足裏で
しっかり
床を擦って

足ゆびを
5本とも使って
しっかり床を押し、
つま先に体重を
乗せるイメージで

2 腕をア・ラ・スゴンドにし、右脚で床を擦りながら横に出す。

1 右足前の第5ポジションで立つ。腕をアン・バーに。

脚を高く上げてもぐらつかないようにするためには、背骨と骨盤、大腿骨をつなぐ、お腹の奥にある「腸腰筋」を鍛えることも有効です。鍛え方は、32ページでも紹介しているので、ぜひチェックしてください！

NG
脚をしっかり
上げ切らないと
バランスも
崩れてしまう

軸脚側の脇を
伸ばして
ギリギリまで
足裏で床を
擦り続けて

3 横のタンデュの位置を通って……

床を擦る力で
蹴り上げて、
なめらかに
脚を上げて
脇を
伸ばし続けて

4 右脚を蹴り上げる。

04 ピルエットの悩み

バレエのパでとくに悩む人が多いのが、ピルエット。
基本の1回転の練習を積み重ねて、連続回転を目指しましょう！

ここに悩んでます！

ピルエットが苦手です。先生からは「手の勢いを使わず、体幹を回すように」といわれますが、よくわかりません。顔のスポットもつけられないので、目が回ります。

ピルエットは、パッセと同時に両腕をアン・ナヴァンにしますね。その時に回ろう回ろうと思うあまり腕を振り回してしまったり、意識が抜けてアン・ナヴァンがずれてしまったりすると、体がねじれてスムーズに回れません。腕を正しい位置に集めることでくるっと回っていきましょう。また、全身をまっすぐな筒のようにイメージして回ります。

体の向き
5
4
6
3
7
2
8
1
正面

ピルエットのレッスン

アン・ナヴァンを胸の前でキープ
体をねじらず、筒のイメージのまま回って
腕をすばやく胸の前に集めてアン・ナヴァンに
左腕が体の後ろにいってしまいやすいので、肩より前にキープ
全身がまっすぐな筒になっているとイメージ
しっかりプリエで床を踏んで

1 左足前の第4ポジションでプリエし、右腕をアン・ナヴァン、左腕をア・ラ・スゴンドに。

2 左脚をドゥミ・ポアントにして立つと同時に右脚をパッセ、腕をアン・ナヴァンに集める。

3 ギリギリまで顔を正面に向けておき、体が**4**の方向まで回ったら顔をすばやく右に振ってまた正面に向け、1回転していく。

ここに悩んでます!

ピルエットのダブルに憧れているのですが、1回転が精一杯です。どうしたらおとなでも回れるようになりますか？

回転をマスターするには、とにかく慣れることが一番。練習あるのみです！　レッスンの終わりにスタジオの片隅を借りて「ピルエットを10回まわる」など、ルーティンを決めて、コツコツ続けてみてはいかがでしょうか。ダブルであっても、大事なことはしっかり立つことや顔をつけることなど、1回転と変わりません。**連続回転ならではのコツとしては、勢いが消えないよう、パッセの膝を外へ外へと送り続けること。**ぜひやってみてください！

パッセに
立った後、
膝を外へと
送り続けて

スポットをつけられない人は、まずは、顔を動かす練習をしていきましょう！　脚を小刻みに動かしながらその場で1回転します。
スポットをつけようと無理して顔を正面に残しすぎると、顎が上がって体がねじれてしまいます。顔をまっすぐにして首を伸ばしたままでいられる位置まで顔を残したら、その後はすばやく振り向くようにしましょう

スポットをつけるレッスン

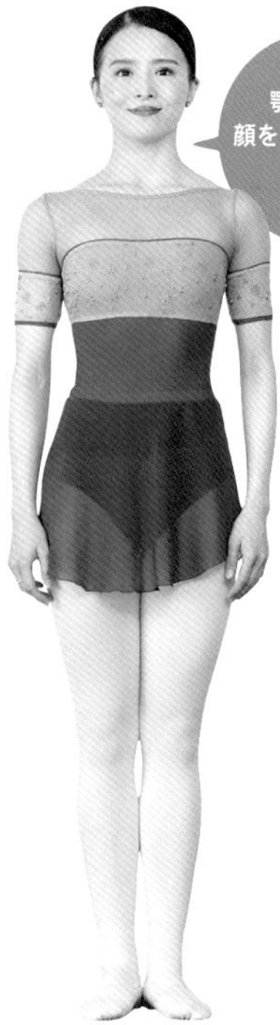
顎を引いて
顔をまっすぐにし、
首を長く

1 パラレルで立つ。目線の高さの1点を見つめる。

ここまで顔を
正面にキープ！

2 1点を見つめたまま、脚を小刻みに動かして右に回転していく。

NG

1点を見つめようとしすぎて、
顎が上がってしまい、
このままだとバランスが
崩れてしまう

“ちあこちゃんねる”の動画でピルエットのコツをチェック！

NG
すばやく
振り向こうとしすぎて
顎が上がっている

顎を引いたまま
振り向いて

3 顔をすばやく右に振って振り向いて、決めた1点をすぐに見つけて回転していく。

05 ジャンプの悩み

センター・レッスンの最後に行うことが多いジャンプ。
動き自体はできるけれど、正しいポジションで行うのはなかなか難しいですよね。
意識するポイントをしっかり確認して、悩みを解決していきましょう！

ここに悩んでます！

アッサンブレやジュテの時に付け根が引けてしまうのが悩みです。ジャンプする時に、体が動いてしまいます。

体が動くというのは、ポジションがぶれてしまうということでしょうか。高く跳ぼうとして肩に余計な力が入ると、付け根が引けてお尻が出てしまいます。上体は無駄な力を抜き、プリエをする時は足裏の３点で床を感じながら、お尻を出さずにまっすぐ下がります。そこから足裏で床を押し、床が押し返す力で跳ぶと、付け根が引けることなくまっすぐ跳べますよ。さらに、付け根は上下に伸ばす意識でジャンプしましょう。

ここに悩んでます！

ジャンプ力をつける練習などあったら教えてほしいです！なかなか高く跳べないので……。

ジャンプは日常生活ではほとんど行わない動きですから、もっと回数を繰り返し、慣れることが大事です！　第1ポジションで垂直ジャンプを繰り返し、ジャンプ力や体力をつけていきましょう。無理のない範囲でレッスンの前後に、10回ずつ行ってください。最初はゆっくりでいいので、1回1回しっかり床を押して、つま先を伸ばしきりましょう。

まっすぐ跳ぶレッスン

余計な力を
ぬいて
上半身を
まっすぐに
足裏の3点で
しっかり
床を押して
まっすぐプリエ

1 第1ポジションでプリエ。

付け根を
上下に
伸ばすように
足裏で床を押
す反動を使っ
てジャンプ

2 床を踏みきってつま先を下に伸ばし、真上に跳ぶ。

NG

肩に力が入って
ジャンプしてしまい、
お尻が出て
しまっている

ここに悩んでます！

ジュテ・アントルラセの振り返りがうまくできません。脚を振り回してしまいます。

まず、振り返る際のポイントは「肩から振り向く」ことです。そうすることでしっかり振り返ることができます。次に、「2番目に振り上げる脚を真後ろに上げること」。つい上げる位置が横になってしまいがちですが、低くてもいいので、後頭部と脚がひもでつながっているとイメージして、そのひもで脚を引っ張るように真後ろに上げましょう！

ジュテ・アントルラセのレッスン

1 左腕を前、右腕を斜め後ろに伸ばしながら**6**の方向に向き、右脚プリエ、左脚を前に出す。

2 左脚で床を踏んで体重を乗せ、右脚を前に振り上げ、同時に腕をアン・オーに。左脚で床を踏みきって真上に跳び上がり……

“ちあこちゃんねる”の動画でジュテ・アントルラセのコツをチェック！

後頭部からつながっているひもで引っ張るように、脚は真後ろに上げて
右肩から振り返って

3 左に振り返りながら体を**2**の方向に向け、左脚を後ろに振り上げる。

4 左脚を後ろに伸ばしたまま、右脚プリエで着地する。右腕は前、左腕は斜め後ろに。

06 つなぎのパの悩み

つなぎのパとは、アレグロやワルツなどで、ジャンプや回転などをつなぐ、
グリッサードやアッサンブレなどパとパをつなぐ細かなステップのこと。
なめらかにつなげていくのは難しいので、動きがもたついたり、
ギクシャクしたりしてしまいがちです。
動きと動きをなめらかにつなぐコツをレッスンしていきましょう。

ここに悩んでます!

パとパのつなぎがよくわからなくて、それぞれのパはできるはずなのに、結局ボロボロになってしまいます。よくあるパターンなどがあれば教えてほしいです。

パを一つひとつ順番にこなそうとすると、もたついてしまったり、遅れてしまったりするもの。1番目のパで床についた脚は着地ではなく、2番目のパのプレパレーションだと考えましょう！　そして、プリエが浅いと動きが硬くなってしまい、次の動きにつなげられません。しっかり膝を曲げきり、いつも以上に深くプリエしましょう。振付によってたくさんの組み合わせがありますが、センター・レッスンでよく出てくる「グリッサード＋ジュテ」のコンビネーションで、ふたつのパをなめらかにつなげて行うポイントを紹介します。

<グリッサード>

グリッサード＋ジュテのレッスン

1 左足前の第5ポジションから右脚を横に擦り出し、左脚で蹴って右に跳び上がる。

＜ジュテ＞

グリッサードの
着地がジュテの
プレパレーションに
なっています。
ここでしっかり
プリエして
踵まで
しっかり
床につけて

2 左脚を横に伸ばしたまま、右脚プリエで着地する。

こちらの脚も
しっかり
プリエ

3 左脚を引き寄せて左足前の第5ポジションでプリエ。

踵がつかないと
グリッサードのプリエが
浅くなってしまい、
次のパにスムーズにつながらない
NG

プリエで
ずっと床を
押し続けて

4 右脚を横に擦り出して…

5 左脚で床を踏みきって真上に跳ぶ。

これも次の
プレパレーション。
しっかり
プリエして

6 右脚プリエで着地し、左脚を後ろのク・ド・ピエに。

ここに悩んでます!

パとパの間で方向を変えるのが難しいです。

バレエではおへその向きで体の方向が決まるので、**必ずおへその向きを定めること**を意識してください。そして、大切なのは、**ひとつ先のポーズを想像しながら踊ること**。ステップの脚の動きにつられるように、体の方向を変えていきます。アンシェヌマンで頻出の、バランセで方向転換のポイントを確認してみましょう！

バランセのレッスン

1 8の方向を向いて右脚をドゥミ・ポアントにして立ち、左脚を横に出す。腕を横に伸ばしてアロンジェ。

次のポーズへの
脚の軌道と
体の方向転換を
イメージしながら
プリエして…

2 左脚のプリエで下り、右脚を後ろのク・ド・ピエに。右腕をアン・ナヴァン、左腕をア・ラ・スゴンドに。その場で右脚、左脚の順に床を踏む。

おへそを
2の方向に
向けて

3 右脚を横に出しながら、おへそを**2**の方向に向ける。同時に腕を横に伸ばしてアロンジェ。

enjoy!

トウシューズの悩み 解決レッスン

絶対に履きこなしたいけれど、
一筋縄ではいかないのが
トウシューズ。
とくに多いお悩みを
ピックアップして紹介します。

ここに悩んでます！

トウシューズで立てるようになるために、日々できるレッスンはありますか？

トウシューズで踊るためには、足裏をなめらかに使うこと、強い足首を作ること、音を立てずに下りること……必要なことがたくさんあります。でも何より、自分の力で立ち上がることが大切です！　自分の力で立ち上がるというと、足で床を押してグッと上がろうとする人がいますが、それだけでは上がりきれません。**頭のてっぺんからぐーーーーーっと引っ張られているようなイメージで立ち上がりましょう。**すると、自然にお腹に力も入り、体幹を使うことができると思います。

トウシューズのレッスン

1 片手バーの第１ポジションで立ち、もう片方の腕はアン・バーに。

脚を
付け根から
アン・ドゥオール
して
ただ足裏で
立つだけでなく
トウシューズの
なかで床を
つかむ意識を

＊両手バーから始めてもＯＫですが、バーに頼りすぎないようにしましょう

2 頭のてっぺんからぐーーっと引っ張られているイメージで、足ゆびで床を押して、踵を持ち上げていき……

お腹に
力を入れて
自然に背筋を
伸ばして
ゆびで
床を真下に
押す！

“ちあこちゃんねる” の動画でトウシューズにかかせない足裏、つま先のトレーニングをチェック！

3 さらに上に引っ張られ、立ち上がる。

“ドゥミ・ポアントを通って” といわれると思いますが、初心者の方は、ドゥミを意識しすぎて止まってしまいがちです。まずはドゥミを意識することより途中で止まらず、頭からぐーっと引っ張られ続けるイメージで立ち上がりましょう

踵が後ろにいかないように、付け根からアン・ドゥオールし、踵を前に向け続けて

ここに悩んでます!

まっすぐ立っているつもりでも、足首が硬いのか、かま足になってしまいます。

トウシューズで踊っている時に、自分がどんな姿勢をしているか理解するのは難しいですよね。トウシューズで立っている時に“かま足”になるということは、脚が内向きになっている可能性が高いです。まずはお尻の下から引き上げるように立ち、正しい立ち方を覚えましょう。下の写真を見て、自分の姿勢とどこが違うか確認していきましょう!

〈横から見た時〉

つま先から頭までが一直線になるように

真下に押さないとトウシューズのフラットフォームが滑って踵が後ろに向き、脚が内向きになってしまう
NG

〈正面から見た時〉

片手バーの第1ポジションで立ち、もう片方の腕はアン・バーに。

頭を上に引っ張って
付け根からアン・ドゥオール
踵同士を向き合わせて

ここに悩んでます！

トウシューズを履いたばかりで、まずは何をすればいいのかわかりません。

本当に初めて履く方は、トウシューズで立つというのがどういうことか、感覚をご存じないと思います。まずはバーにつかまって、プラットフォームを床に立て、立ってみましょう。立つだけなら簡単！　と思うかもしれませんが、膝を伸ばして、お尻を締めて、お腹を締めて……といろいろなところを意識しながらやると、それだけでも難しいはず。まずは10秒間立つことを目標にしてやってみてください！

〈後ろから見た時〉

お尻の
下から
引き上げる
ように

お尻が
ゆるんでいると
アン・ドゥオールがゆるみ、
脚が内向きに
なってしまう
NG

お尻が出ていると
腿の前側に力が入り、
脚が内向きに
なってしまう
NG

EXTRA その他の悩み

バレエのパの他に、歩き方や見せ方……
様々な悩みを解決していきましょう！

ここに悩んでます！

歩き方がわかりません。歩く時に頭がぴょこぴょこしてしまったり、膝から脚が出てしまったり素に戻っているみたいになってしまいます。

綱渡りをするイメージで、地面の上に1本の線を想像しながら歩くと、美しく歩けると思います。顔はまっすぐ正面に向けておき、頭の位置を変えないように意識して腰から下だけを動かしましょう。足裏で床を擦って歩き、擦った勢いを使って1歩1歩つま先を伸ばして歩くのがポイントです。

歩き方のレッスン

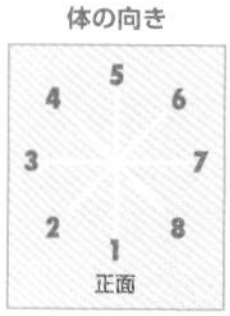

1 2の方向に体を向けて、右脚で立ち、左脚を前に伸ばす。腕をドゥミ・スゴンドに。

2 左脚ドゥミ・ポアントで立ち、右脚もドゥミ・ポアントに。

ここに悩んでます!

腕をつけることを忘れてしまい、第2ポジション（ア・ラ・スゴンド）のまま踊ってしまいます。アロンジェの形が決まりません。

より多くのことに意識を向けなければいけないセンターでは、バーでできていないことはさらにできませんね。もし教室のレッスンで、バーのアンシェヌマンに腕の動きがついていなくても、自分で動かしてみてはいかがでしょう。例えば脚を前に出す時はアン・オーにする、後ろに出す時はアロンジェにするなどです。また、アロンジェは**手首だけを返すのではなく、二の腕から外側に動かすことが大事です。**鏡を見ながら、きれいな形を探してみてくださいね。

頭の位置をキープ
綱渡りのイメージで1本の線の上に脚を出して
擦った勢いでつま先を伸ばす

3 左脚に乗りきり、右脚で床を擦って前に伸ばす。

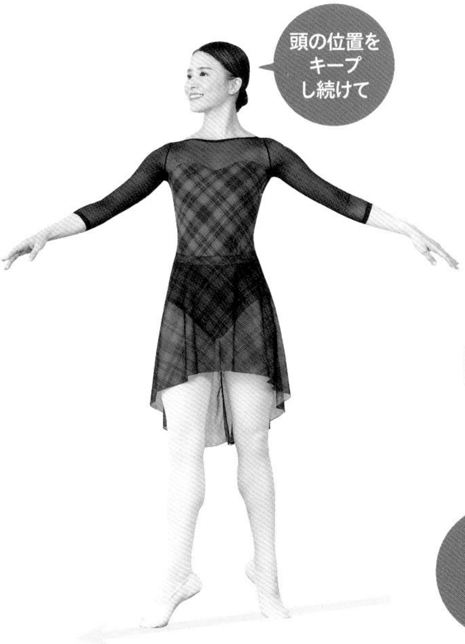
頭の位置をキープし続けて

4 右脚を床についてドゥミ・ポアントに。**1〜4** を繰り返して歩く。

ここに悩んでます！

ヴァリエーションで、ポジションは合っているはずなのに プロの方のようにいかないのはどうしてでしょうか。 舞台ならではのコツがあれば教えてください。

正しいポジションを守ることはとても大切です。その上で、ヴァリエーションとなると美しい見せ方も意識したいですよね。**角度をつけたり、視線の位置を工夫したりすることで、美しいポーズを作っていきましょう。**ヴァリエーションでよく出てくるアティテュードで紹介します。このポーズを見比べてみてください！

体の向き
5
4
6
3
7
2
8
1
正面

間違いではありませんが、立体感があるともっと美しく見えますよ！

おへそは**8**の方向へ向けたまま、首の左側を正面に見せるようにして胸を張ると美しいポジションに！

NG
アン・オーの腕が
後ろに行きすぎて、
体が反ってしまっている。
腕のポジションは
体より前でキープして

ここに悩んでます!

トウシューズの選び方を教えてください。自分に合っているかわからなくて……。

足の形や筋肉の付き方、立ち方のクセなどが人によって異なるので、トウシューズ選びのポイントは本当に人それぞれ。人から勧められたトウシューズが自分には合わない、というのはよくあるので、自分で色々試して見つけていくしかありません。場合によってはカスタマイズもありだと思いますが、危険もあるので初心者の方にはおすすめできません。私自身は、トウシューズはインソールを半分カットして、足裏へのフィット感を高めています。トウパッドは、起毛のパッドを裏返しにして、ふわふわの面が外側にくるようにして履いています。自分に合っているかわからなかったり、どこか履き心地に気になることがあったりする方は、先生にトウシューズの立ち方を実際に見てもらって相談するのが一番だと思います。

ここに悩んでます!

ウェアを素敵にスタイル良く見せる着こなしがしたいです。

私自身、身長が156センチと低いこともあって、ウェアの着方にはこだわりがあります。いちばんはスカート。スカートの位置を調整することで、バランスをとっています。鏡の前でファッションショーをして、自分の体にベストな着こなしを探してみてください!

つい「脚を長く見せたい」と思ってスカートをウエストの方まで上げてしまうと、子どもっぽい印象に…
ウエストのラインが見える位置だとバランスが良くなって、スタイルアップ!

Say cheese!

ダンサーとして、
YouTuberとして、
指導者として……
いろんな“ちあこさん”を
のぞいてみよう！

Special Contents

ちあこ's ROOM

お仕事道具

トウシューズやレオタードなど
ダンサーとしての必需品から、
動画制作に必要な愛用の機材まで
たっぷりご紹介。

#BalletWear #LegWarmer #WarmShoes

レオタードはデコルテのラインがきれいに見えるボートネックの形や、手が長く見えるように袖のついたものを積極的に選んでいます！　ブルーグレーのグラデが美しいレオタードは、今お気に入りのブランド「BYPLIE」のもの。レッグウォーマーとウォームブーツは赤で統一！

#Plaid #Skirt

袖の透け感も素敵！
この本のレッスンページでも着用しています～！

お洋服みたいなタータンチェック柄のレオタード。アシンメトリーなスカートもポイントです。動きが出てかわいい！

こちらはダマスク柄のセットアップ。
袖もあってストラップもある珍しい形です。

#Damask
#LongSleeve

#Skirt #Colorful

ついつい集めてしまうスカート。
これも全部「BYPLIE」です！

#Blue

スタイルアップのために、上下で
色や柄を合わせるスタイルが定番。
ベロアのレオタードにくすみブルー
のロングスカートを合わせました。

#Rose #Velour #HeartCut

この日はローズレッドのコーデ！　ハートカットネックはデコルテがきれいに見えるアイテム。

#Leotard

日本のお店で買ったり、人からいただいたり。ご紹介しきれないほど、たくさんあるレオタード。

#LegWarmer

#Knit

レッスンで体が温まってくるまでは、レッグウォーマーを着用していることが多くて。たくさん集めています！

#BalletShoes

バレエシューズは「SoDanca」、トウシューズは「BLOCH」のシュープリマを愛用。

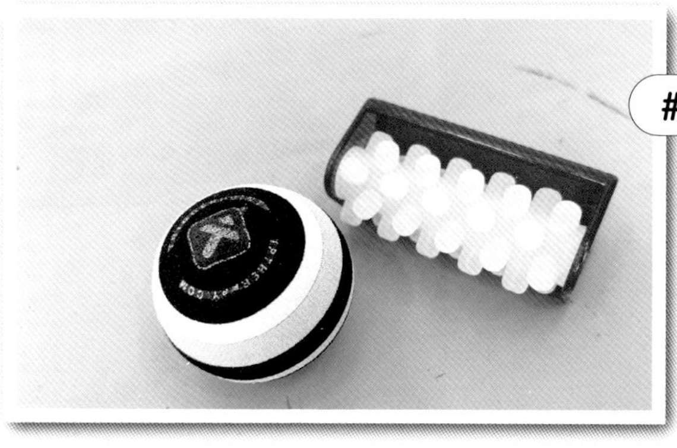

#Exercise

トリガーポイントのマッサージボールを使っています。ピンクのコロコロは、学生の時に購入して、ずっと使っています。

#Camera #Filming

YouTube撮影に使っているカメラ。Panasonicを愛用しています。上につけているのはマイク。音声がきれいにとれるように、ウインドスクリーンをつけてノイズカットしています。

#RingLight

家での撮影に欠かせないリングライト！　結構大きいサイズです。

#MacBookPro #Equipment

動画編集に使っているMacBook Pro。YouTubeを始める時に購入しました！　まわりにあるのは、バッテリーやSDカードです。

ボディケア

体のために行っていることをご紹介。
普段リアルに行っているという、レッスン後のアフターストレッチも！

タンパク質補給や、足がつらないよう筋肉に栄養を送るために「NATURECAN」のプロテインやBCAA、EAAを日々飲んでいます。

こちらは、「NATURECAN」のマッスルバームという冷却効果のあるクリームです。自宅でのマッサージは、「Mebak」の筋膜リリースガンを愛用。

ちあこの Real Exercise

腿のストレッチ

レッスンで酷使した筋肉をしっかりほぐすのが大切ですが、
ついつい忘れてしまいがちなのが「前腿」。
しっかりほぐすことで、ムダな筋肉がつくのを防いでいます。

1 仰向けに寝て、全身の力を抜く。
腕を体の横に伸ばす。

息を
大きく
吐いて

2 左脚を曲げる。
できる人は足を体の横につけて。

しっかり
呼吸して
全身の力を
抜いて

背中を床に
つけたまま
曲げられる
ところまで
脚を曲げて

3 右脚も曲げる。気持ちいいと感じるまで伸ばす。

しっかり
呼吸して
全身の力を
抜いたまま

背中が浮いていると
前腿に力が入ってしまうため、
ストレッチできていない

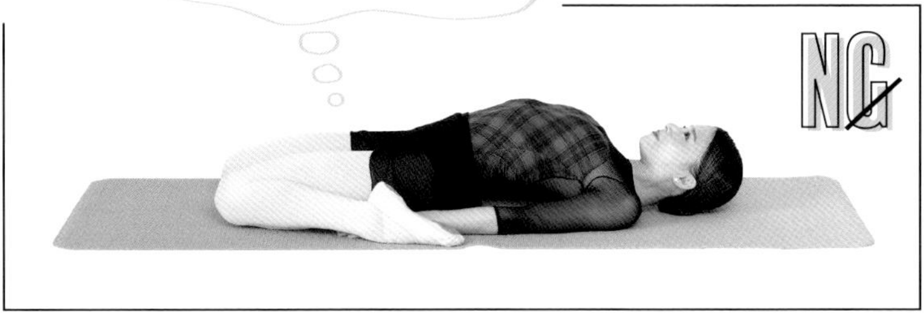

お尻のストレッチ

アン・ドゥオールはもちろん、脚を上げたり、キープしたり、ボディを支えるのにも使われているのが、お尻の奥の筋肉。手で触ることができないので、脚に負荷を掛けて引っ張り、ほぐしています。

腰を立てて、背筋を伸ばして！

上から見ると…

腰を立てて座り、左の踵の上に右膝、右の踵の下に左の膝がくるように、脚を組んでストレッチ。10秒キープして、脚を組み替えて行う。

背筋が伸びていないと
脚を引っ張りきれず、
お尻の奥がストレッチできない
NG

大きく
呼吸
しながら
胸を
張って

脚を立てて座り、体の後ろに両手をつく。右膝の上に左の
足首を乗せてストレッチ。10秒キープして反対の脚でも行う。

胸が落ちていると
脚を引っ張りきれず、
お尻の奥が
ストレッチできない
NG

Interview

ちあこのバレリーナ人生

「悩みを解決するのは自分自身」

——この本は、「バレエの悩み」をテーマに制作しました。現在バレリーナとして活躍するちあこさんも、生徒時代に悩みはありましたか？

生徒時代はレッスンで苦手なパやできないことなどはもちろんありましたが、とにかくプロを目指してがむしゃらに練習をしていたので、深く悩むことはなかったかもしれません（笑）。

それでもどうしても落ち込んでしまうことがひとつあって。私は身長が１５６センチと低いですし、手足が特別長いわけでもなかったので、決してバレリーナ向きのスタイルではないんです。同世代の人の踊りを見るたびにうらやましく思ったり、何をやっても別の人の方が良く見えたりしていました。とくに高校生の時に留学したスイスのバレエ学校では、立っているだけで目をひくような抜群のスタイルの同級生もたくさんいましたから、自分の体を見るのも嫌になったことも。でも、ネガティブに考えていてもバレリーナになれるわけじゃない！ 体の条件を上回るためにできることを探すことにしたんです。身長は小さいけれど誰より大きく動いて身長をカバーしたり、逆に身長が小さいことを生かしてすばやく動いたりすることを意識していました。

――とてもポジティブ！ もともと前向きな性格なのでしょうか？

前向きというより、「バレエが好き」「プロになりたい」という気持ちが絶対だったので、よそ見をしていられなかったのかなと思います。それでもいちどだけ、バレエをもうやめようかと迷ったことがありましたね。

――それはいつ頃ですか？

バレエ学校卒業後はヨーロッパでの就職を目指していたのですが、それが叶わず、日本に帰国した時です。バレエが大好きでしたから本当はやめたいわけではないけれど、自分の将来が見えないなかで「プロになれないならやめたほうがいいんじゃないか」と思ってしまったんですね。でも、日本でもレッスンを続けるうちに、ここまでやってきたんだから今やめたら後悔すると思い、もういちどオーディションに挑戦することにしました。わざわざオーディションのために日本から飛行機に乗って行くのだから、絶対に手ぶらでは帰れないと強い気持ちで。自分のプライドが許さないというのもあったと思うのですが、オーディションにとにかく必死で臨んだところ、無事に契約をいただけて、プロへの一歩を踏み出すことができました。

――プロになると、また生徒時代とは違う悩みがあるのではと思います。

バレエ団に入れたからといって、すぐに役がもらえるというわけではありません。作品のカラーや他のキャストとのバランス、監督の方向性……そういったところで配役が決まったりするところがありますから、「私だって踊れるのに、なんでキャスティングされないんだろう」と悔しく思うことがありました。そうなってくるとまた、いちばん最初の話に戻るんですけど、やっぱり身体的な条件が良くないから、と悩んでしまって……やっぱり私も悩んでばかりですね（笑）。でも、あきらめたくないですし、とにかく与えられたパートを自分の納得がいく踊りになるまで繰り返し練習していました。それは今も同じで、やればやるほど「もっとこうしたい」という欲が出てくるんですよね。納得がいくまで練習するけれども、自分の踊りに満足がいくことはないし、それでいいんだと思っています。

――バレエに限らず、日常生活や仕事において、悩みを抱えている方は多いと思います。どうやってその悩みを解決したり、折り合いをつけたりしたらいいでしょう？

私の経験からの話になってしまいますが、自分のできることを少しずつコツコツやっていくしかないと思います。できないことがあって、「できるようになりたい」もしくは「できるようにならないといけない」という状況なのでしたら、ひたすら練習したり、研究したりするしかありません。結局どんな物事でも、やるのは「自分」です。まわりを見ずに必死になって必死になって、自分が納得できるまで追及していく。全てが上手くいくわけではありませんから、もちろん無理なこともあると思います。でもそんな時に、「自分の納得のいくところまでやり切った」と思えたら、悩みは解決するかもしれません。もしそれでもまだ解決しないようだったら、またやり方を見直して、変えてみることが大事じゃないでしょうか。やるのは自分自身。それが自分の好きなことだったら、その悩みさえも楽しんで、進んでいってほしいなと思います。

Behind the scenes…

本編では使用できなかったものの、
とってもキュートなちあこさんのカットがまだまだたくさん……
その一部を紹介します！

カバー写真のアザーカット。
はじけるような笑顔です♥

カバー写真の別ポーズ案。
ひらりとなびくスカートが素敵！

トウシューズ

その他

この本に掲載されている「バレエのお悩み」一覧

“あるある”から“今さら聞けない悩み”まで！

バレエのお悩み解決BOOK!!

本田千晃

クロワゼ 編

初出「クロワゼ」vol.83、vol.88

2023年7月20日　初版第1版発行

発行者　三浦和郎

発行　株式会社 新書館

編集：〒113-0024　東京都文京区西片2-19-18

TEL03-3811-2871　FAX03-3811-2501

営業：〒174-0043　東京都板橋区坂下1-22-14

TEL03-5970-3840　FAX03-5970-3847

写真　松橋晶子

表紙・本文レイアウト　SDR（新書館デザイン室）

印刷・製本　株式会社 加藤文明社

Printed in JAPAN

ISBN 978-4-403-33080-3

乱丁・落丁本はお取替えいたします